AF236822

Dieses Buch ist all jenen gewidmet,
die erziehen, lehren und (aus)bilden.

DANKE, denn Ihr seid die wichtigsten
Menschen auf diesem Planeten!

IHR prägt und bildet das kostbarste Gut,
welches es auf diesem Planeten gibt,
nämlich die Menschen,
die unsere Zukunft sind.

**Ralf A.M. Brehmer**

# ...geht Bildung anders?

*Das erste Buch der Anders-Reihe*

Bibliografische Information der
Deutschen Nationalbibliothek:
Die Deutsche Nationalbibliothek verzeichnet diese
Publikation in der Deutschen Nationalbibliografie;
detaillierte bibliografische Daten sind im Internet
über http://dnb.dnb.de abrufbar.

Herstellung und Verlag:
BoD – Books on Demand, Norderstedt

**ISBN: 9783752833164**

### ...warum ich dieses Buch geschrieben habe?

Δ

...dieses Buch?, in dem weder geschimpft noch gejammert wird, nicht über Lehrerinnen und Lehrer, nicht über Schülerinnen und Schüler, nicht über Eltern oder sonst irgendwen.

...dieses Buch?, in dem keine Ratschläge erteilt werden, denn auch ein Ratschlag ist oft nur wie ein Schlag ins Gesicht.

...dieses Buch?, das auch nicht den Anspruch hat, eine wissenschaftliche Arbeit darzustellen, obwohl die Ausführungen grundsätzlich auf (wissenschaftlichen) Fakten beruhen, die nachgelesen und überprüft werden können.

Dieses Buch ist eine Bestandsaufnahme, eine Beobachtung des Istzustandes, aus meiner ganz eigenen und persönlichen Sicht.

Geschrieben, um auf- und nicht anzuzeigen.

Geschrieben, um an- und nicht aufzuregen.

Geschrieben, um alle Menschen zu würdigen, die einem wie auch immer gearteten „Erziehungsjob" nachgehen, egal, ob privat oder ehrenamtlich oder beruflich.

Sollte sich also jemand dennoch persönlich angegriffen fühlen, so bitte ich um Nachsicht, würde dann aber gerne die Frage stellen, warum es sich wie ein Angriff auf die eigene Persönlichkeit anfühlt, obwohl es doch definitiv keiner ist.

Manche erwarten jetzt vielleicht, wie hierzulande durchaus nicht unüblich (und in vielen Bereichen auch durchaus notwendig und sinnvoll), einen großen Haufen mit Buchstaben und Zahlen und mit dem ein oder anderen Stempel versehene DIN A4-Zettelchen, wie zum Beispiel Diplome, Urkunden, Befähigungsbe- und nachweise (die ich tatsächlich besitze...), damit meinen Worten Gewicht verliehen werden kann.

Gleich so, wie Zahlen und Buchstaben junge Menschen als Individuen abbilden sollen.

Diese jungen Menschen nennt man Schülerinnen und Schüler, die bedruckten Zettelchen Zeugnisse.

Und, dass diese Noten nicht der Mensch dahinter sein können, manchmal nicht mal ein genuines Abbild davon, wissen Sie mindestens ebenso gut wie ich und das nicht nur aus eigener Erfahrung.

Durch meine berufliche Tätigkeit kenne und beobachte ich das (Bildungs)System von Innen und Außen, da ich schon recht lange Menschen in ihren verschiedenen Lebensphasen begleiten und beobachten darf und dies eben nicht nur in Familien und in Schulen, sondern „beim Ernst des Lebens".

Aber auch ich habe nicht die Weisheit mit Löffeln gefressen oder kann über das Wasser gehen (zumindest nicht, wenn es nicht gefroren ist), aber zum Glück tue ich in meinem Job genau das, was ich am besten kann:

Hinhören, Hinschauen, Wahrnehmen, Empathie empfinden, Verstehen, Akzeptieren, Wertschätzen, Unterstützen, Spiegeln, Ansprechen, Umsetzen, Begleiten, Analysieren und dies alles zusammenfassen und darüber berichten, um es damit zur Disposition zu stellen.

Es geht hier also nicht in erster Linie darum, die Antworten zu präsentieren, als vielmehr darum, eine gute Frage[1] zu stellen, denn ganz im Sinne von Jostein Gaarder (Sofies Welt) gilt:

---

1 Wie es ein einst mein hochgeschätzter Prof. formulierte:
„Um eine gute Frage zu stellen, muss man erstmal etwas wissen"

„Eine Frage kann mehr Zunder enthalten als 1000 Antworten."

\*\*\*

# Inhaltsverzeichnis

„Lebe Dein Leben, oder es lebt Dich!"

# 1. Einleitung

Sozialisation (und einhergehend damit auch Bildung) im Sinne von „Menschwerdung und Menschsein" in der Gesellschaft geschieht andauernd.

Alleine die Tatsache der Existenz des Einzelnen und die Interaktion miteinander ist schon sozialisierend und bildend (und manchmal auch sehr prägend).
Im Sinne vom guten, guten Paul Watzlawick hieße das in etwa:

„Man kann nicht nicht sozialisieren (erziehen)."

Das ist übrigens mit „lebenslangem Lernen" gemeint und nicht ausschließlich das Aneignen von (berufs)relevantem Wissen und Fertigkeiten.
Ist man sich dessen bewusst, wird vieles klarer.

Seltsam, dass schon seit längerer Zeit einerseits Firmen und Betriebe immer wieder vom Fachkräftemangel (warum nicht Fachkräftebedarf?) sprechen und andererseits darauf hingewiesen wird, dass Schulabgänger häufig noch nicht ausbildungsreif seien, es ihnen an Allgemeinwissen fehle und oft auch an sozialen Kompetenzen.

Es ist durchaus möglich, dass es auf die ein oder andere Art individuell vielleicht tatsächlich so erlebt wird oder gar ist.

Seltsam finde ich dabei nur, dass es scheinbar kaum jemandem äußerst seltsam und manchmal sogar ein wenig bizarr anmutet.

Vor allem, da doch diese Probleme irgendwie alle hausgemacht sind und lange unbemerkt (oder ignoriert) richtig schön wachsen konnten...

\*\*\*

## 2. Unser aktuelles Bildungssystem

∡

Unser aktuelles Bildungssystem ist im Grunde genommen immer noch das selbe, wie es dies vor mehr als hundert Jahren war. Leicht abgewandelt (die körperliche Züchtigung ist verboten, der Samstagsunterricht für gewöhnlich abgeschafft, die Geschlechtertrennung aufgehoben) wird es seit Jahrzehnten propagiert und hat auch (scheinbar?) lange Zeit ganz gut funktioniert.

Denn solange, wie Einstein es ungefähr ausdrückte, ein Schüler auch ein Schaf ist, muss er ein Mitglied der Schafherde sein.

Oder, wie es ein guter Freund nach der Einschulung seiner Tochter formulierte: „Als ich gesehen habe, wie die Kleinen da sitzen und ich mir dann vorgestellt habe, wie lange sie ab jetzt jeden Schultag sitzen müssen, da hab ich bei mir gedacht; das muss doch gegen die Genfer Konvention verstoßen!"
Die spätere Trennung, vornehmlich aufgrund kognitiver Leistungsunterschiede in Haupt- und Realschüler und Gymnasiasten, funktionierte so lange, bis ein gesellschaftlicher Wertewandel, ein Paradigmenwechsel stattgefunden hat.
Der „heimliche Lehrplan" sah (sieht) vor, dass genügend Hauptschüler produziert werden, die die

handwerklichen Berufe abdecken, genügend Realschüler, damit Büro, Verwaltung und Bankwesen bedient werden und genügend Gymnasiasten, die die Hochschulen besuchen.

Mal ganz davon abgesehen, dass (vielleicht) schlechter zu erwartende schulische Leistungen nicht zwangsläufig eine Neigung zum Handwerk bedeuten, von der daraus möglicherweise resultierenden Geringschätzung gegenüber handwerklichen Tätigkeiten und den Menschen, die diesen nachgehen, ganz zu schweigen (ich selbst bin gelernter Handwerker. Ach ja, ich war Realschüler...).

Oder, dass es in Stein gemeißelt steht, dass ein Realschüler sich zwangsläufig in einer Bank, einem Büro oder einer Versicherung wohlfühlen wird. Und dann noch die vielen Studienabbrüche oder am Ende gar die Mär von den (selbsterzeugten) „bildungsfernen Schichten".

Fakt ist, das funktioniert so schon lange nicht mehr. Schauen Sie sich doch einfach mal um...

Die Zahlen arbeitsloser Jugendlicher (es gibt sogar den Begriff „langzeitarbeitslose Jugendliche", bizarr...) ist enorm, aber die Zahl der unbesetzten

Ausbildungsstellen müsste rechnerisch völlig aus-
reichen, um den Bedarf zu decken[2].

Liegt es vielleicht daran, dass diese Berufe unat-
traktiv sind (zu wenig Ansehen, zu wenig Ver-
dienst, zu anstrengend, zu...)?

Liegt es vielleicht daran, dass „die Jugend von heute" nur noch YouTuber oder App-Entwickler oder
GNTM oder wasweißich werden will oder schlicht
und ergreifend orientierungslos ist, besser: gemacht worden ist?

"Die Jugend liebt heutzutage den Luxus.
Sie hat schlechte Manieren, verachtet die Autorität,
hat keinen Respekt vor den älteren Leuten und
schwatzt, wo sie arbeiten sollte.
Die jungen Leute stehen nicht mehr auf, wenn
Ältere das Zimmer betreten.
Sie widersprechen ihren Eltern, schwadronieren in
der Gesellschaft, verschlingen bei Tisch die
Süßspeisen, legen die Beine übereinander und
tyrannisieren ihre Lehrer."
(Sokrates, um 469 v. Chr. - 399 v. Chr.).

---

2 Vgl.
https://statistik.arbeitsagentur.de/Navigation/Statis-
tik/Statistik-nach-
Themen/Ausbildungsstellenmarkt/Ausbildungsstellen-
markt-Nav.html

Noch Fragen...?

Falls sich nun jemand nach der bequemen Suche nach einem Schuldigen, einem Verantwortlichen für die ganze Misere aufmachen sollte, der sei gewarnt, „denn schließlich war das schon immer so".[3]

Sind es die Kinder?

Verrückte Frage, sind Kinder doch Menschen und Menschen doch Produkte ihrer Umwelt, also von Erziehung, Erleben, Reflektieren und Entscheiden.

Sind es die Eltern?

Die waren auch mal Kinder...

Sind es die Lehrer?

Siehe oben...

So.

---

3 Wussten Sie „eigentlich", dass es so etwas wie „Schuld" überhaupt nicht geben kann?, sind wir doch nur eine Art Erfüllungsgehilfe des Gegenüber (an dem sich abeagiert werden kann), sprechen sozusagen nur verschiedene Sprachen und decken dabei unterschiedliche Bedürfnisse ab, egal ob wir dies bewusst oder unbewusst tun. Denken Sie ruhig einmal darüber nach...

Und jetzt...?

Möchte man aber unbedingt mit dem Finger auf jemanden oder etwas zeigen, dann wenigstens auf etwas, das man kaum verfehlen kann.
Nämlich das staatliche Bildungs- und Erziehungswesen, denn es gibt keinen anderen Ort außerhalb der familiären Bezüge, der so dauerhaft prägend ist, wie es Kindergarten und Schule sind und das auch noch in den immens wichtigen ersten Lebensjahren und sogar bis über die Pubertät hinaus.

Am Ende der Schulzeit war man länger in der Schule, als man es nicht war. Ein junger Mensch kennt quasi nichts anderes als Schule, muss also zwangsläufig in diesen ehrwürdigen Hallen zur Reife gebracht werden.

Natürlich, könnte man meinen, läge die Verantwortung für Erziehung ausschließlich und in erster Linie bei den Eltern.

Dem ist auch so.

Aber da Eltern ja selbst einmal Kinder und Schüler waren, kann das entweder gut sein oder auch mal mächtig in die Hose gehen.
Wo also setzt man an, wo liegt der größte multiplikatorische Effekt außerhalb der Familie (auf die

kaum direkter Zugriff besteht), wo kann man am nachhaltigsten (sinnvoll) sozialisieren oder alles versauen?

In Masseneinrichtungen, ganz wie (dieser böse Vergleich sei mir erlaubt) das liebe Vieh.

Es muss im Interesse des Staates sein, „funktionierende Staatsbürger" heranzubilden[4], die dem Staat Einnahmen generieren, in dem sie arbeiten gehen, Steuern zahlen, konsumieren und sich möglichst ruhig dabei verhalten (= funktionieren).
Deshalb besteht seit Jahren an den Schulen das selbe Problem: offiziell lernt man ja bekanntlich nicht für die Schule, sondern für das Leben.
Dummerweise wird man aber in der Schule nicht auf das Leben an sich, sondern fast ausschließlich auf das Berufsleben vorbereitet. Fächer wie Ethik, Sport, Kunst und Musik werden als „Ausgleichsfächer" benutzt, das Fach Werken (also „Handarbeit") wird kaum bis sporadisch gelehrt. Eine interessante Botschaft an alle Heranwachsenden.
Sie wissen schon, bizarr...

---

4 Wussten Sie „eigentlich", dass wir „Personal" der Bundesrepublik Deutschland sind?, sie brauchen nur mal genau auf diese kleine Karte oder dieses Schlabberding schauen, welches sie seit ihrem 16. Lebensjahr ständig bei sich führen müssen. Bizarr...

Wir leben seit einiger Zeit (vielleicht gerade deshalb) in einer Konsum- und Wegwerfgesellschaft.

Wozu sich also noch die Mühe machen, etwas reparieren zu können, etwas zu erhalten?

Ruckzuck ist mit dieser Einstellung auf Dauer gesehen das Desinteresse/die Unattraktivität an handwerklichen Tätigkeiten gesät und gleichzeitig das Ziel gesteckt, möglichst viel zu verdienen, um „mitspielen" zu können.

Und schwupps, sind wir wieder bei unserem Bildungssystem.

Bitte denken Sie daran, jede Institution, jede Einrichtung, jeder Betrieb, jede Firma, jeder Job, jeder Staat wird von Menschen gemacht und Menschen wurden und werden sozialisiert durch ihre Umgebung und deren Einflüsse.

Also ist ein gesellschaftlicher Zustand immer auch als ein zeitliches Phänomen zu sehen.

Eine Idee, die vor hunderten Jahren noch auf dem Scheiterhaufen gelandet wäre (bzw. der Mensch, der die Idee hatte), ist für gewöhnlich schon lange kein Problem mehr und die infrastrukturellen Bedingungen erleichtern heutzutage in vielen Staaten das Aneignen von Informationen.

Und Informationen sind im Grunde genommen nichts anderes als Energie(auslöser), da Informationen zwangsläufig Energiefluss (bzw. „energische" Verhaltensweisen) anregen:
körperliche Reaktionen, Denkprozesse, Handlungen, also die Frage: wie gehe ich mit der erhaltenen Information um?

Wenn Sie zum Beispiel wütend sind, befinden Sie sich sozusagen in einem hochenergetisierten Zustand, der Sie befähigt, Sandsäcke zu verkloppen, mit Tellern zu werfen, rumzuschreien, je nach gusto.

Information ist Energie, es kommt wie gesagt nur darauf an, wie wir damit umgehen (lernen).


\*\*\*

## 3. Familienstrukturen und Sachzwänge im Alltag

∞

**W**urden im Wirtschaftswunderdeutschland der 1950er Jahre noch oft junge Damen in sogenannte Haushaltsschulen geschickt, damit sie später den brav arbeitenden Familienvätern als Hausfrauen die häuslichen und erzieherischen Pflichten abnehmen konnten, ist die heutige Realität, nicht nur aufgrund der Veränderung des Rollenverständnisses, eine völlig andere.

Die klassische (konservative) Familienstruktur des alleinverdienenden Elternteiles und des den Haushalt und die Erziehung leistenden anderen Elternteiles ist heute rein finanziell nur noch wenigen Haushalten überhaupt möglich, sollte die Familie sich hierfür entscheiden wollen.

Oft müssen beide Elternteile (falls im täglichen Erziehungsgeschehen tatsächlich vorhanden) arbeiten, um sich das Leben überhaupt noch leisten zu können.

Damit wird von vorn herein dem Kind (indirekt) signalisiert, dass Geld und davon noch möglichst viel, notwendig sei.

Vielleicht sogar, dass Arbeiten eine Mühsal sei, die scheinbar unglücklich macht, also wozu sich anstrengen?, wozu einen „schweren" Job?, es ist doch sowieso alles egal...

Wie gesagt, die Zeiten, als Kinder ab ihrem 6. Lebensjahr in die Bergwerksstollen zur Arbeit krabbeln mussten, sind (hier zumindest) zum Glück vorbei.
Dies bedeutet aber auch, dass man „Arbeitnehmertugenden" wie Anstrengungsbereitschaft, Durchhaltevermögen, Diszipliniertheit usw., immer im Kontext zur heutigen gesellschaftlichen Situation betrachten muss.

Und diese wird nun mal immer vorrangig durch erzieherisch-sozialisierende Effekte innerhalb der Familien und (staatlichen) Einrichtungen generiert.

\*\*\*

## 3.1. Unsere Gesellschaft (5 Tage, 3 Schichten...)

$\leqq$

**V**erstehen Sie mich bitte richtig, ich bin bequem, nicht faul, also mache ich es mir gerne einfach.

Unser Tag hat 24 Stunden, die Woche 7 Tage, das Jahr durchschnittlich 220 Arbeitstage (Einzelhandel und Dienstleistungen ausgenommen), wovon (mit einigem Glück) 30 Tage Urlaub abgezogen werden können (die man dann aber auch noch mit seinem Arbeitgeber absprechen muss. Stichwort „betriebliche Belange").

Eine durchschnittliche Arbeitswoche dauert 5 Tage, ein durchschnittlicher Arbeitstag 8 Stunden, geschlafen wird ebenfalls durchschnittlich 8 Stunden. Bleiben rechnerisch noch 8 Stunden, wie das „Drei-Schicht-System", welches mit der Industrialisierung und der Arbeit an Fließbändern Einzug hielt.

Eben nicht nur in Firmen, sondern auch im Alltag.

Sie sind dann (rein rechnerisch) noch nicht im Bad zur Morgentoilette gewesen, haben noch nicht gefrühstückt, sind noch nicht fertig angezogen, haben die Kinder noch nicht versorgt und ggf. zur Schule gebracht.

Sie sind noch nicht zur Arbeit gefahren oder von dort wieder nach Hause, haben noch keine Wäsche gewaschen, waren noch nicht einkaufen, haben noch keine Zeit nur mit sich selbst oder Ihrem Partner verbracht und die Wohnung ist auch noch nicht geputzt und so weiter.

Alle diese „alltäglichen" Dinge, die notwendig sind, um überhaupt die Arbeit aufnehmen zu können, müssen Sie in Ihrer „Freizeit" ableisten, sodass freie Zeit, also wenn alles Notwendige erledigt ist, eher in den kurzen Stunden vor dem Zubettgehen oder eben am Wochenende herrscht.

Nun haben wir ja eine 7-Tage-Woche, Wochenende ist (für viele) Samstag und Sonntag. 2 Tage von 7 Tagen.

Eine rechnerische Glanzleistung...

\*\*\*

## 3.2. Einkünfte, Zuschüsse, Förderung

**V**iele Gesetze regeln das Zusammenleben, sowie viele Gesetze bestimmte Lebensentwürfe finanziell unterstützen.

Es gibt Kindergeld, BaföG, Wohngeldzuschuss, steuerliche Vorteile, wenn man verheiratet ist, Kinder hat. In manchen Bundesländern bzw. Kommunen sind die KiTa-Gebühren hoch, in manchen niedrig.

Die Spanne der Einkunftshöhen in Deutschland ist enorm, soziale Berufe, die einen der wichtigsten Beiträge zur Staatenfunktionierung (Sie erinnern sich?, der Mensch muss „funktionieren", damit der Staat funktionieren kann) erbringen, werden oft geringer vergütet, als z.B. ein Bankangestellter direkt nach seiner Ausbildung verdient.

Lehrer in der Grundschule werden geringer besoldet, als die Kolleginnen und Kollegen der anderen Schulformen.

Um den Beruf des Erziehers/der Erzieherin ausüben zu dürfen, braucht es eine fünfjährige (5!!!) Ausbildung und dann verdient man in etwa soviel wie ein Gabelstaplerfahrer im Drei-Schicht-System (nichts gegen Staplerfahrer, ich habe selbst den Schein).

Es geht hier um die finanzielle Wertschätzung der Leistung, also „eigentlich" um das Menschsein an sich, wenn man es genau nimmt. Schauen Sie einmal auf die Einkommensübersicht der Agentur für Arbeit, das ist nicht wirklich lustig...:

https://entgeltatlas.arbeitsagentur.de

Eine der Ideen des – ich nenne es mal – sozialen-Weltbildes besagt, dass jeder Mensch im Staatensystem und also alle Arbeit, die notwendig ist, damit der Staat existieren kann, gleichermaßen wertgeschätzt werden sollte.

Das heißt zum Beispiel, dass ein Mensch, der die Mülltonne leert, genauso viel „Wert" hat, wie der, der am offenen Hirn operieren kann.

Kreuzigen Sie mich bitte nicht dafür, aber das sind ja fast schon christliche Werte...

\*\*\*

## 3.3. Schulalltag für Eltern und Kinder

☧

In Deutschland herrscht die Schulpflicht, d.h., dass prinzipiell jedes Kind ab dem 6. Lebensjahr (Stichwort „Kann- oder Musskind") eingeschult werden muss, um nach einer „Mindestvertragslaufzeit" von 9 bzw. 10 Jahren („erweiterte Schulpflicht") die Regelschulzeit möglichst erfolgreich abzuschließen.

Als Eltern hat man die Wahl, ob es eine staatliche (kostenlose) oder eine anerkannte private Schule (kostenintensive) sein soll, aber eine Schule an sich muss es schon sein.

Daran führt für gewöhnlich kein Weg vorbei.

Verletzen die Eltern oder das Kind diese Pflicht, greift das Gesetz mit teilweise empfindlichen Strafen und unter Umständen wird sogar das Jugendamt aktiv, da es sich per Definition hierbei um eine sogenannte Kindeswohlgefährdung handelt[5].
Das Recht auf Bildung ist also auch eine Art (sinnvoller) Zwang.

Jedem Elternteil und jedem Kind/Jugendlichen obliegt es also zu entscheiden, wie mit diesem Zwang umgegangen wird.

---

5 Vgl. §1666 Abs. 1 BGB

Ich schlage vor, machen Sie das Beste daraus, schließlich regen Sie sich ja für gewöhnlich auch nicht darüber auf, dass Sie atmen müssen...

Wie auch immer also das Familiensetting ist, ob alleinerziehend oder nicht, ob Patchwork oder gleichgeschlechtlich, ob alle arbeiten gehen, einer oder keiner, das Kind muss morgens pünktlich in der Schule sein, seine Schulsachen parat und möglichst alle Hausaufgaben fristgerecht erledigt haben.
Ein Pausenbrot und etwas („gesundes") zu trinken wären auch nicht schlecht und die Sportsachen nicht vergessen! Vielleicht steht eine Klassenarbeit an, also sollte es auch darauf so gut es geht vorbereitet sein.

Wie ist der Schulweg gewährleistet?, wie das Nachhausekommen?, ist es für eine gewisse Zeit ein „Schlüsselkind"?, was ist, wenn es von der Schule nach Hause geschickt wird, wenn es erkrankt ist?, usw.

Also Fragen, die sich jedes Mal und grundsätzlich stellen und direkt in den Tagesablauf aller Beteiligten eingreifen.

Das kann ganz schön stressig sein...

Und auch die Frage, wie ein Kind bei der Erledigung der Hausaufgaben unterstützt werden kann, stellt sich spätestens in den höheren Klassenstufen immer häufiger, denn wer von uns kann noch nachhaltig erklären, wie die dritte Ableitung der Funktion von x funktioniert oder wieso die Matrixberechnung genau so zu handhaben ist?

Erziehen und Bilden kann ein ziemlich schwerer Job sein, vor allem, wenn den Kindern der Sinn dabei fehlt, was meines Erachtens nach den Schülern und Schülerinnen immer häufiger anzumerken ist.

Das Bizarre daran ist ja, das Kinder und Jugendliche (und Erwachsene) lernen WOLLEN, nur eben nicht immer nur das und so, wie es auf bzw. in dem Lehrplan steht.

Und natürlich ist da noch die Frage des persönlichen Empfindens, was jeden (jungen) Menschen mehr oder weniger umtreibt; bin ich cool?, werde ich geachtet/gemocht?, gehöre ich dazu?, bin ich schlau/klug?, usw.

\*\*\*

# 4. (Kindliche) Sozialisation

♡

**D**as Thema meiner Diplomarbeit lautete „Sozialisation im Grundschulalter durch Film und Fernsehen", also musste ich mich im Zuge dessen zwangsläufig mit den Lebensphasen innerhalb der ersten Lebensjahre beschäftigen, um überhaupt zu wissen und zu verstehen, was sozusagen ansteht in ebendiesen.

Auch wenn dies nichts wirklich Neues darstellt für Sie und auch, wenn es nun etwas trocken für Sie werden könnte...: da müssen Sie jetzt einfach mal durch, auch um sicher zu stellen, dass alle auf dem selben Kenntnisstand sind.

Im Zuge meiner Recherchen stellte ich also folgendes fest:

Egal welche Autoren, egal welche Aussagen, im Kern bedeutet Heranwachsen eher einen gleitenden Übergang, in dessen Ablauf sich zu bestimmten Zeitpunkten Entwicklungen vollziehen, Phasen durchlaufen werden und Neues entdeckt, erlernt und beherrscht wird.

Man wächst sozusagen mit seinen Aufgaben.

Liegen in diesem natürlichen Prozess Störungen vor (z.B. durch „mangelnde" Erziehung und sozialisatorische Bedingungen), gelingen die Übergänge eher unsanft, da das Erlernte für gewöhnlich aufeinander aufbaut.

Des Weiteren scheint es so, dass, wenn Phasen nicht adäquat abgeschlossen sind, diese uns quasi wieder einholen, eben nur in etwas aktuellerer Form.

Es existiert z.B. eine Phase, die oft „Trotzphase" genannt wird, angesiedelt im Kindergarten- und (Vor)Schulalter, dessen Wiederholung die berüchtigte Pubertät ist.

Das Thema Sauberkeitserziehung (etwas bewusst festhalten können, etwas bewusst loslassen können) zeigt dies auch sehr deutlich.

"Wenn die Kinder klein sind, gib ihnen Wurzeln, wenn sie groß sind, gib ihnen Flügel"

lautet ein Zitat, welches Goethe zugeschrieben wird.

Die Wurzeln können hier die familiäre Identität, Sicherheit, Stabilität, Vertrauen, Geborgenheit, Schutz, Bewahrenswertes und vor allem Werte an sich sein.

Flügel können hier für die Befähigung stehen, sich über seine Wurzeln zu erheben und Neues daraus zu erschaffen, wobei die Herkunft (also die Wurzel) ja überhaupt erst den Flug möglich gemacht hat.

Oder, wie es mein hochgeschätzter Prof. einmal treffend formulierte:

> „Wer zu wenig gibt, ist ein Dieb,
> wer zu viel gibt, ist ein Mörder."

\*\*\*

## 4.1. 0-6 Jahre = Hort/Kindergarten und Einschulung

♡

Biologisch gesehen paaren sich erst einmal einfach nur Männchen und Weibchen, um durch die Verschmelzung des Genpools etwas Neues zu erschaffen. Das Weibchen trägt die befruchtete Eizelle innerhalb ca. 38 Wochen aus, während der Embryo zum Fötus und dann zum geburtsfähigen Säugling heranreift, geschützt in einer Fruchtblase und genährt über die Nabelschnur durch die werdende Mutter.

Dies bedeutet logischerweise, dass alles, wirklich alles, was die Mutter ausmacht (also wer sie in diesem Moment ist) und was sie isst, trinkt, einatmet, einnimmt, hört, sieht, fühlt, denkt, erlebt, glaubt und daraus macht, Einfluss auf die Entwicklung des heranreifenden Kindes haben muss.

Und schlussendlich interagiert sie als soziales Wesen schließlich mit anderen, was wiederum Einfluss auf ihren aktuellen Wesenszustand nimmt.

Also ist sogar jetzt schon eine Art sozialisatorischer Effekt im Gange, der bereits erste Grundlagen erschafft.

Je ausgebildeter die Sinnesorgane des Kindes im Mutterleib werden, desto mehr kann es nun „direkt" wahrnehmen und so potenziert sich der Wahrnehmungsbereich.

Wenn dem tatsächlich so ist, kann es von vorneherein keine „Tabula Rasa" geben.

Der Geburtszeitpunkt wird dann durch den ersten Atemzug bestimmt. Bei vielen philosophischen Ansichten liegt darin übrigens der Eintritt in die sogenannte Dualität, also die Welt der Gegensätze, bzw. sich ergänzender Antipoden, z.B. Einatmen-Ausatmen, Weiblich-Männlich, Licht-Schatten, Gut-Böse usw. und die individuelle Positionierung als Mensch hierzu.

Fassen wir also nochmals zusammen:

Alles, was dazu geführt hat, dass ein Kind geboren werden konnte, hatte Einfluss auf das Kind, welches nun, entnabelt und an Mutters Brust seinen Weg außerhalb der Mutter (also getrennt von ihr, eine wichtige Fähigkeit, vor allem in der Pubertät) gehen wird.

Betrachtet man nun weiter die „normale" Entwicklung eines Säuglings/Kindes, so lässt sich folgendes feststellen:

Bis zum ca. 18 Lebensmonat (oder ca. 2 Jahren)[6] beherrscht das Kind einfache Bewegungsabläufe, es stützt sich ab. Es hält seinen Kopf oben, kann sich umdrehen, sitzt aufrecht, krabbelt, richtet sich auf, steht und beginnt zu laufen. Es beginnt, einige Worte nachzuahmen (Mama, Papa, Dada usw.) und „nervt" die Umgebung, in dem es die Dinge „begreift", im eigentlichen Wortsinne und oft dann prompt in den Mund steckt (Stichwort Festhalten und Loslassen, wie auch selbständiges bzw. bewusstes Pipi und Kacka...).

Es ist in dieser Zeit noch völlig abhängig von der Mutter, bzw. von Menschen, die sich auf es beziehen, es versorgen (physisch und psychisch), behüten und lieben.

Dann, bis ca. zum 6. Lebensjahr[7], entwickelt sich die verbale Ausdrucksfähigkeit weiter und verfeinert sich. Die motorischen Fähigkeiten bilden sich weiter aus, es werden rudimentär die ersten Geschlechtsunterschiede erkannt (Stichwort Doktor-

---

6 Vgl. Sigmund Freud (Orale und anale Phase), Jean Piaget und Bärbel Inhelder (Sensomotorische Intelligenz) und Erik H. Erikson (Ur-Vertrauen vs. Ur-Misstrauen).
7 Vgl. Sigmund Freud (Phallische und ödipale Phase), Jean Piaget und Bärbel Inhelder (Präoperationale Stufe) und Erik H. Erikson (Autonomie gegen Scham und Zweifel und Initiative gegen Schuldgefühl).

spiele) und das Kind erlebt sich z.B. durch Gruppenspiele als soziales Wesen.

Schlussendlich wird es auch dadurch auf die Schule vorbereitet, denn im Kindergarten wurde gebastelt (Motorik), gespielt (Interaktion und Verhalten in Kleingruppen, Einhaltung von Regelwerk), gesungen, geklettert, gebaut, gebacken, gekocht, Ausflüge unternommen und auch durch einfache Testungen die Schulreife festgestellt.

Ich wohne zurzeit nahe an einem Kindergarten und auch nahe am Wald. Oft, wenn ich in meinem Büro bin, höre ich die Kinder munter rufen und sich lautstark freuen, wenn mal wieder ein Spaziergang bzw. Ausflug in den Wald geplant ist.
Die Kleinen freuen sich dann immer wie Bolle wenn sie, schön in Zweiergruppen marschierend, einer wunderschönen Abwechslung folgen, die da heißt: entdecken, begreifen, sehen und staunen in der Natur.
Und das Schöne dabei ist; auf dem Rückweg freuen sie sich immer noch...

Und später dann, verständlicherweise (sie sind ja nun keine kleinen Kinder mehr...), freuen sich für gewöhnlich die allermeisten Kinder zum Ende der Kindergartenzeit darauf, endlich in die Schule gehen zu dürfen.

Fragen Sie aber mal nach ein paar Wochen nach, ob das dann immer noch so ist...

Aber wieso ist dies denn so häufig der Fall?

Ganz einfach: die Beschulung, wie sie heutzutage immer noch vorgesehen ist, entspricht nicht, bzw. zu wenig dem kindlichen Drang zu entdecken, zu zu erforschen, zu erproben und zu „begreifen", im wahrsten Wortsinne.

Da war der Kindergarten doch noch etwas anderes, besser passend an die kindliche Neugier und den Entdecker- und Spieldrang gekoppelt.

Im Kindergarten stand noch das Können und Wollen im Vordergrund, in der Schule überwiegt das (funktionieren) Müssen und einhergehend damit das Bewerten.

Ich frage mich sowieso, warum in der Ausbildung zukünftiger Lehrer_innen so wenig Entwicklungspsychologie, Montessori, Waldorf, Steiner und Co. unterrichtet werden.
Ist es nicht unumgänglich zu wissen, wie ein Kind „tickt", um es adäquat und individuell unterrichten zu können?...

\*\*\*

## 4.2. 6-13 Jahre = Schule

♡

In der sogenannten späten Kindheit[8] (die Zeitspanne davor wird entsprechend frühe Kindheit genannt) werden weitere kognitive und motorische Fähigkeiten generiert und verfeinert, wie beim späteren Erwachsenen auch (mit Ausnahme der Durchführungsgeschwindigkeit, Genauigkeit und Ausdauer/Konzentrationsfähigkeit) und das Kind erkennt z.B. in Mannschaftsspielen seine Teamfähigkeit (und sein Interaktionsvermögen und die Regelakzeptanz).

Eines der Hauptprobleme in unserer Art der Beschulung, die wir hier seit Jahren propagieren, stellt meines Erachtens nach die Menge an Individuen dar, die allesamt gleich gefördert werden sollen und in bestimmter Art und Weise funktionieren müssen, oft nur durch einen einzigen Lehrkörper begleitet (der zwischen 20 und 30 Kinder pro Schulklasse fördern können soll...).

Natürlich muss ein Kind Regeln des Zusammenseins beherrschen und befolgen, damit ein konfliktarmes Miteinander aufgebaut werden kann.

---

8 Vgl. Sigmund Freud (Latenzzeit), Jean Piaget und Bärbel Inhelder (Konkret-operationale Stufe) und Erik H. Erikson (Werksinn gegen Minderwertigkeitsgefühl).

Natürlich müssen sich durch Wiederholung die Dinge einprägen lassen (=Lernen. ...und diese lästigen Hausaufgaben, die das Kind partout nicht machen will. Seltsam...).

Kleine Kinder, noch vom spielerischen Verstehen durchdrungen, sitzen mit Gleichaltrigen, aber völlig anderen Menschen, meist ca. 45 Minuten lang an ein und dem selben Platz und bekommen gesagt, wie sie sich zu verhalten haben, was sie wie zu lernen haben, wie sie zu funktionieren haben.

*Das ist und kann keine individuelle Förderungen darstellen*, die, wie man so schön sagt, die Kinder dort abholt, wo sie gerade stehen.

Ich war einmal als sogenannter Schulcoach im Auftrag des Jugendamtes für einen Erstklässler in der Grundschule zuständig. Toll war das Wiederholen von Ritualen, wie z.B. der morgendliche Begrüßungskreis mit dem „Kind des Tages" oder das gemeinsame Frühstück, genau 10 Minuten vor der ersten großen Pause.

Toll war es auch, den Kindern beim sogenannten Sachunterricht zuzusehen, wie sie z.B. fasziniert davon waren, wie unterschiedlich ein Apfel aussieht, wenn man den einen quer und den anderen längs aufschneidet und sich das Gehäuse und die

Kerne anschaut, wobei geschickt auf die Zahl 5, die dann in Mathe wichtig werden sollte, hingewiesen wurde.

Was haben die sich gefreut und waren sowas von erstaunt, als sie dann in einer Kelterei sehen (und später schmecken) konnten, wie aus einem Apfel Saft bzw. Most wird.

„Boah, der schmeckt ja ganz anders.
Der schmeckt ja sooo gut!".

Nicht ganz so toll anzusehen waren dann die (es steht nunmal im Lehrplan) Lerneinheiten, die, sobald das spielerische Verstehen und Begreifen vernachlässigt wurde, sehr schnell zu (durchaus innovativem) Unfug und Ablenkung führten.

Da wurde plötzlich das Mäppchen und die Stifte, die man spitzen konnte, oder der Textmarker, der alles so schön leuchten lässt, wenn man es anmalt, viel interessanter, als der eigentliche Unterricht.

Wurde zurückgekehrt zur Kombination aus Zeigen, Vormachen und spielend selber machen, waren die Kinder für gewöhnlich sofort wieder bei der Sache.

In überstrukturierten und für die Kinder oft langatmigen oder gar uninteressanten Massenveranstaltungen muss eben der Einzelne zwangsläufig mehr oder weniger in seiner individuellen Lernlust untergehen, es sei denn, er fällt (negativ) auf.

Natürlich ist es notwendig, bis zum Einmünden in andere Schulformen nach der Grundschule, z.B. die Grundrechenarten zu beherrschen, die Laut- und Schriftsprache entwicklungsgerecht anwenden zu können, seine Motorik durch Sport und Werken & Basteln und seine musischen und künstlerischen Fähigkeiten durch Kunst und Musik zu erproben und auszubilden.

Natürlich ist es wichtig, den Kenntnisstand nach der Grundschulzeit festzustellen, um für das Kind eine entsprechende Schulform zu finden. Ich persönlich finde und fand übrigens das Prinzip der Förderstufe, also die 5. + 6. Klasse dazu zu benutzen, die kognitiven Fähigkeiten besser einschätzen zu können, richtig sinnvoll.

Es geht hier ja auch nicht darum, Kritik am Lehren an sich zu äußern, vielmehr aber um die Art des Wie, des Wo, des Was und Warum.

Naja, Selbstlaute in der ersten Klasse plötzlich als Piloten zu bezeichnen mag befremdlich sein, ist doch das ursprüngliche Wort Selbstlaut, also ein

Laut, der für sich selbst steht, doch wesentlich einleuchtender.

Aber da dies scheinbar den aktuellen didaktischen Stand darstellt, müssen wir abwarten, wie sich die Dinge entwickeln werden.

Ich erinnere nur mal an die in der Vergangenheit an einigen Schulen ausschließlich propagierte Ganzwortmethode, die prompt eine Menge Schülerinnen und Schüler mit einer Lese- und Rechtschreibeschwäche produziert hatte...

Also nichts wie raus aus der Schule und „rein ins Vergnügen", also z.B. in die Natur, zum Kelterer, zum Landwirt mit frischer Milch aus „begreifbarer" Herkunft und freilaufenden Hühnern, zum Schuster, zum Förster, zum Gärtner, ins Tierheim, in den Zoo und so weiter und so fort[9].

---

9 Und das lässt sich eben nur in Kleingruppen oder mit vielen Betreuern/Lehrkräften am sinnvollsten umsetzen.

In Finnland zum Beispiel (Sie erinnern sich, seit einigen Jahren regelmäßig ganz vorne mit dabei in der sogenannten „Pisa-Studie", auch wenn die auch nur „Bildungskonkurrenz" fördert...), sind es Klassengrößen von max. 15 SuS und immer mindestens 2 Lehrkräfte und diese zum Teil auch noch mit sonderpädagogischer Ausbildung. Das ist echte Inklusion.

„Eigentlich" ganz ähnlich, wie bei der Sendung mit der Maus.

Die haben's drauf...
***

## 4.3. 13-18 Jahre = Schule, Beruf, Studium

♡

„**E**igentlich" sollte es hier genügen, nur ein einziges Wort zu benennen, um den gesamten Komplex unter dieser Überschrift gebührend zusammen zu fassen:

PUBERTÄT...

Allseits gefürchtet, berüchtigt, gehasst, geliebt, bewundert, später sehnsüchtig vermisst undundund.

Der Übergang vom Kind zum Erwachsenen kann nicht reibungslos gelingen, ist ja gerade die Reibung (z.B. eine andere Meinung einnehmen, bewusst widersprechen) das, was diese Phase so gestalterisch und einzigartig macht, da sich dadurch die Möglichkeit eröffnet, sich selbst zu erkennen, seine Grenzen und auch seine Möglichkeiten.

Jeder Elternteil, jeder Lehrer, jede Lehrerin, jeder Mensch, der mit „Pubertieren" zu tun hat (also auch die Jugendlichen selbst), kann sozusagen ein Liedchen davon singen.

Die Hormone spielen verrückt, die sekundären Geschlechtsmerkmale tauchen auf (Bart und Körperbehaarung, Brüste), die erste Menstruation, der erste Samenerguss, die erste Liebe mit all ihren Dramen und die Frage: was heißt Leben, was ist das „eigentlich", was heißt Frausein, was heißt Mannsein für mich ganz individuell?

Oder eben:
WER BIN ICH???

Die Jugendlichen in dieser oft rebellischen Phase zu unterrichten, kann seeeehr anstrengend sein (vor allem, wenn man einen ganzen Haufen davon im Unterricht vor sich hat und dann immer dieses Rumgeknutsche auf den Klassenfahrten...), vom Verhalten zu Hause ganz zu schweigen.

Dennoch ist es gerade jetzt notwendig, die Jugendlichen auf das spätere Berufsleben (denn dies wird nach der Schulzeit erwartet) vorzubereiten.

Hierzu werden u.a. für gewöhnlich Berufspraktika installiert, die den Schülerinnen und Schülern ermöglichen sollen, meistens in Form einer 2- oder 3-wöchigen Praxiserprobung, eben zu erproben, ob der Beruf, an dem ich Interesse habe, mich auch wirklich interessiert oder so ist, wie ich ihn mir vorgestellt habe, wenn ich überhaupt eine Vorstellung entwickelt habe.

Nur ist die Ernsthaftigkeit, mit der die Praktikumssuche begangen wird oder später dann die Durchführung, leider nicht immer die, die sie sein könnte.

*Also gilt auch hier, dass der Sinn darin vermittelt und gesehen werden muss, sonst ist es mit dem funktionierenden Staatsbürger nicht weit her.*

Meines Erachtens nach wird noch viel zu wenig mit Betriebserkundungen gearbeitet und viel zu wenige Menschen aus der Berufswelt in die Schule eingeladen, die spannend ihr Berufsfeld und ihre Tätigkeit darstellen.

Auch hier wäre angebracht: Abwechslung, „raus ins Vergnügen", „Begreifen", Kleingruppen und meinetwegen auch „Forschungsteams" bilden.
Der Frontalunterricht hat doch „eigentlich" schon lange ausgedient.

Ich war auch in einer 7. Klasse als Schulcoach eingesetzt. Was finden das die Schülerinnen und Schüler immer wieder faszinierend, wenn es in Physik oder Chemie raucht, rummst und kracht, oder auch mal der Erlenmeyerkolben gezielt in die Luft gesprengt wird, oder anhand einer Redoxreaktion das Verbrennungsmotorenprinzip (was???, nur 40% Wirkungsgrad, das ist ja voll bescheuert!") anschaulich erklärt wird.

Und wieso nicht Deutsch, Englisch, Geschichte u.a., wenn man auf einem Balken seine Balance hält?

Wieso nicht Jonglieren erlernen, wenn man eine Matheaufgabe löst und auf einem Bein steht?

Aktuell kann man in der 9. Klasse seinen qualifizierenden oder „normalen" Hauptschulabschluss erlangen (notenabhängig und auch, ob eine erste Fremdsprache, also Englisch, vorliegt), in der 10. Klasse seine mittlere Reife (also den Realschulabschluss) und in der 12. Klasse (Fachoberschule) seine Fachhochschulreife und in der 13. Klasse (mit zweiter Fremdsprache und den herrschenden Bestimmungen) sein Abitur (allgemein oder fachbezogen, je nach Schulform).

Kurzfristig gab es (und gibt es teilweise noch) das sogenannte G8-Modell, das den Schülerinnen und Schülern bereits ab der 5. Klassenstufe den Lernstoff in nur 8 anstatt 9 Jahren vermitteln sollte, was für viele Schülerinnen und Schüler (und deren Eltern) extrem stressig war/ist.

Allen Schulabgängern (auch jenen, die die soge-nannte erweiterte Schulpflicht ohne Schulab-schluss durchlaufen haben, aber „nur" mit Ab-gangszeugnis die Schule verlassen)[10] steht nun frei, eine Ausbildung zu absolvieren. Eine sogenannte duale Ausbildung (Betrieb und Berufsschule) oder eine schulische (z.B. Altenpflegerhelfer/in mit Pra-xisanteil).

Manche gehen an weiterführende Schulen (Berufs-fachschulen, höhere Handelsschulen), andere (je nach Schulabschluss) gehen studieren.

Diejenigen, die ihre 9 Schuljahre voll haben, aber weder an eine weiterführende Schule gehen, noch sich in Ausbildung begeben, werden in sogenannte Bildungsgänge zur Berufsvorbereitung bugsiert, es sei denn, sie nutzen die Chance eines Bundesfrei-willigendienstes (also Freiwilliges Soziales/Ökolo-gisches/Technisches Jahr) oder sind mindestens 17 Jahre alt und gehen zur Bundeswehr.

\*\*\*

---

10 Es existiert in Deutschland kein Gesetz, dass ein Schulabschluss zur Aufnahme einer Ausbildung vorhan-den sein muss, lediglich die Schulpflicht von mindestens 9 Jahren muss erfüllt sein. Aber finden Sie mal einen Be-trieb, der sich heutzutage darauf einlässt...

## 4.4. Übergang Schule/Beruf, FauB, BvB & Co.[11]

=⊨=

Die Berufsberaterin der hessischen Schule, an der ich als sogenannter Berufseinstiegsbegleiter tätig war, zeigte es mal sehr schön:

„Früher (sie legte ein Buch direkt an ein anderes Buch) kam nach der Schule direkt die Ausbildung. Jetzt (sie ließ eine große Lücke zwischen den beiden Büchern entstehen und legte noch einige Bücher dazwischen) haben wir eine Vielzahl von Maßnahmen, die die Jugendlichen auch nach der Schule noch auf den Start in das Berufsleben vorbereiten sollen".

In Hessen zum Beispiel gibt es so schönklingende Maßnahmen wie „PuSch" (Praktikum und Schule), „BzB/EiBe" (Bildungsgänge zur Berufsvorbereitung/Eingliederung in die Berufswelt), „FauB" (Fit für Ausbildung und Beruf) oder „BvB" (Bildungsgänge zur Berufsvorbereitung).
Letzteres nur für Menschen, die die erweiterte Schulpflicht von 10 Jahren erfüllt und keinen Aus-

---

11 Einen guten Überblick in die Thematik finden Sie bei https://www.arbeitsagentur.de/schule-ausbildung-und-studium.

bildungsplatz (und evtl. keinen Schulabschluss) haben.

Schon seit 2009 gibt es die Berufseinstiegsbegleitung, die, wie der Name schon sagt, in den Vorabgangsklassen der Regelschule ansetzt und ausgewählte („schlechte") Schülerinnen und Schüler beim Übergang Schule-Beruf unterstützen soll.
Ein ähnliches Konzept wurde mit der sogenannten Assistierten Ausbildung (AsA) geschaffen, die auch noch die jungen Menschen in deren Betrieben während der Ausbildung unterstützt.

Des Weiteren gibt es noch die Berufsausbildung in außerbetrieblichen Einrichtungen (BaE), deren Konzept vorsieht, „jungen Menschen mit multiplen Vermittlungshemmnissen" eine Ausbildung zu ermöglichen (Ausbilder ist ein Träger der Maßnahme, finanziert durch die Agentur für Arbeit). Die Ausbildung findet entweder beim Träger/Berufsschule (integratives Modell) oder bei einem Kooperationsbetrieb/Berufsschule (kooperatives Modell) statt, vorher müssen die Teilnehmer_innen allerdings ein BvB durchlaufen und also auch die erweiterte Schulpflicht erfüllt haben.
Den Betrieben entstehen keine Kosten, das Ausbildungsgehalt zahlt der Maßnahmeträger, der auch als Ausbildungsbetrieb gilt.

Dann gibt es noch so sinnvolle Sachen wie z.B. die ausbildungsbegleitenden Hilfen (abH), eine Art kostenfreie Nachhilfe für Azubis aller Ausbildungsberufe oder QuABB (Qualifizierte Ausbildungsbegleitung in Betrieb und Berufsschule)[12] und die Einstiegsqualifizierung bzw. das Einstiegs- und Qualifizierungsjahr (EQ oder EQJ), was auf die spätere Ausbildung im selben Beruf angerechnet werden kann.

Es wird viel angeboten, viel getan, damit den Schülerinnen und Schülern der Übergang von Schule zum Beruf (also zum eigenständigen Leben an sich) gelingen kann, sie sollten sich nur darauf einlassen können und auch wollen.

Und schon sind wir wieder bei der Eingangsthese, nämlich der Frage, wieso es den Jugendlichen scheinbar so schwer fällt, sich zu entscheiden und wieso so viele Ausbildungsstellen unbesetzt sind, obwohl, schaut man sich die Vielfalt der o.a. Maßnahmen an (die für gewöhnlich gut ausgelastet sind und eine Vielzahl von (meist schlechtbezahlten) Jobs produzieren), genug „Menschenmaterial" zur Verfügung stehen müsste.

\*\*\*

---

12 Siehe http://www.quabb-hessen.de

## 4.5. Wie lernen Kinder, Jugendliche und Erwachsene?

◉

Johann Heinrich Pestalozzi formulierte zum Thema einmal:

„Von der Hand (schreiben/tun) über das Herz in den Kopf".

Das gilt immer noch und ergänzend hierzu (obwohl viel älter):

„Erzähle mir und ich vergesse.
Zeige mir und ich erinnere mich.
Lass es mich tun und ich verstehe."

Konfuzius 553-473 v. Chr.

Der Reiz des Neuen ist das, was einen bewegt, der Mensch will wissen und verstehen, kreative Lösungen finden, keinen Einheitsbrei vorgekaut bekommen, denn dies vernichtet die natürliche Entdeckungslust, den Wissensdurst und die Neugierde.

Manche lernen durch Wiederholungen (habe ich z.B. ein Wort oft genug richtig geschrieben gelesen, erkenne ich an meinem Gefühl, wenn ich es falsch geschrieben lese oder falsch schreibe), andere durch Anschauen, wieder andere durch Nachmachen, also das berühmte Üben, Üben, Üben, was jeder mehr oder weniger vom Fahrradfahren lernen oder Schwimmen oder Jonglieren oder Schuhe zubinden usw. kennt.

Wichtig, vor allem dann, wenn ich „gezwungen" werde, etwas zu lernen (also in der Schule) sind folgende Faktoren:

- Es muss ein „gutes" Gefühl damit verbunden sein (nicht nur gute Noten)
- Das Ganze muss Sinn für mich ergeben (wie gesagt)
- Es muss eine Erfahrung damit verbunden sein (ich erlebe Selbstermächtigung bzw. ich kann eine (positive) Vorerfahrung damit verknüpfen)
- Oder es muss ein Vorwissen vorliegen, an dem ich anknüpfen kann (ich erinnere mich, ich setze etwas in Bezug dazu, was ich schon kenne).

Da der Mensch sich eher an Gefühle, Gerüche, Bilder erinnert, ist es wichtig (manche nennen dies Eselsbrücken) das zu Lernende mit etwas von den oben genannten Punkten zu verknüpfen, damit es nachhaltig abrufbar bleibt.

Und eine Art Belohnungsprinzip (gutes Gefühl und Sinn kombiniert) hilft beim Erlernen.

Denken Sie nur einmal an die Zeit zurück, in der Sie Ihren Führerschein gemacht haben, den Sie ja unbedingt wollten (und dann an das Gefühl, dass erste Mal ohne Fahrlehrer fahren zu dürfen), oder noch weiter zurück:

Sie wollten unbedingt laufen lernen, Fahrradfahren, Rollschuhe beherrschen oder sonstiges.

Sie haben nicht aufgegeben.

Bis Sie es konnten.

Oder?!

\*\*\*

## 4.6. Erwartungen der Gesellschaft: Beruf bedeutet Berufung?!

[?]

„Ich denke, also bin ich" (René Descartes), oder sollte ich besser sagen; „ich bin, also denke ich?".

Was bedeutet SEIN überhaupt? Und wo führen diese Gedanken hin, die mich als Menschen zwangsläufig umtreiben, mal mehr, mal weniger?

Die Gesellschaft, wie schon häufig erwähnt, muss funktionieren.

Alle Bereiche des Lebens müssen abgedeckt sein (Sie erinnern sich: Müllmann und Gehirnchirurg), was also zwangsläufig dazu führt, dass ein (junger) Mensch sich hierzu positionieren, also entscheiden muss.

Diese Entscheidung will reiflich überlegt sein.

Doch bei Entscheidungen ist eines von immenser Wichtigkeit, nämlich Information.

Je besser ich informiert bin, desto sinnfälligere Entscheidungen kann ich treffen. Dies trifft auf jedwede Entscheidung zu, unabhängig, ob ich mich frage, was ich heute anziehen soll oder was ich mit meinem Leben anfangen will.

Ich benötige also Informationen und zwar in erster Linie über mich selbst.

Z.B.: was kann ich gut?, was gefällt mir (an mir)?, woran habe ich Freude?, was erfüllt mich und lässt mich mit einem möglichst guten Gefühl jeden Tag aufs Neue aufstehen und „funktionieren"?

Falls Sie in öffentlichen Verkehrsmitteln unterwegs sind, schauen Sie sich ruhig mal Ihre Mitmenschen auf dem Weg zur Arbeit/Schule/Studium etc. an.
Es ist recht einfach, deren aktuelle Gemütslage in Bezug zu Ihrer Tätigkeit zu erkennen, nämlich an der Form der Mundwinkel.

Es gibt „Mundwinkler" nach oben und „Mundwinkler" nach unten.

Zu welcher der beiden Spezies möchten Sie gehören?

Natürlich kann dies auch tagesformabhängig sich individuell ändern, doch wenn man wie ich, lange Zeit, immer zur selben Zeit mit den selben Menschen im Bus saß, ist durchaus eine Tendenz zu erkennen.

Was hat das dann noch mit „Beruf bedeutet Berufung" oder Spaß am Leben zu tun?

Einer geregelten Tätigkeit nachzugehen, ist eben eine der Möglichkeiten, sich den eigenen Lebensunterhalt zu verdienen (wenn man nicht gerade einer derjenigen Menschen ist, die mit Strumpfmaske und Gaspistole die nächste Sparkasse stürmen...).

Heutzutage ist es nicht mehr nur so, dass Arbeit eine schwere sein muss. Zumindest nicht so, wie es einst war. Arbeit ist, wie alles andere auch, also immer im zeitlich-gesellschaftlichen Kontext zu betrachten.

Es muss der Frage nachgegangen werden, was die Gesellschaft braucht, also welche Fähigkeiten/Tätigkeiten sind gerade vonnöten?

Und es ist dabei immer zu bedenken, dass die aktuelle Gesellschaft die Gesellschaft von Morgen erzieht/heranbildet, also auch z.B. unsere zukünftigen Politiker, die dann dieses Land regieren werden und sich mit unseren Hinterlassenschaften herumärgern müssen (Klimawandel, Vermüllung, Energie- und Wasserknappheit usw.).

Dass diese späteren Erwachsenen dann überhaupt keinen Bock auf „mehr desselben"[13] haben könnten, sollte nun wirklich absolut einleuchtend sein...

Ist es denn wirklich wichtig, den zigsten YouTube-Kanal mit Schminktipps zu eröffnen oder steckt viel mehr in mir?

Ist mein Gehalt wirklich und alleinzig das Maß aller Dinge?

Woraus ziehe ich denn meinen Spaß am Sein? (bedenken Sie bitte dabei meine Eingangsfrage zu diesem Kapitel).

Ich persönlich finde, wenn ich Freude an dem empfinde, was ich gerade tue, sei es Arbeit oder Freizeit, „stecke" ich sozusagen andere Menschen mit meiner guten Laune an (also meinem aktuellen „so Sein"), bzw. kann sie inspirieren, zumindest der Frage nachzugehen, „wieso gelingt es dem (Spaß am Arbeiten zu haben) und mir nicht?"

Dies ist natürlich eine Frage der persönlichen Einstellung, aber es ist viel leichter, wenn ich dem nachgehe, was mir auch wirklich und wahrhaftig entspricht.

---

13 Vgl. Der verlorene Schlüssel oder „mehr desselben" von Paul Watzlawick in: Anleitung zum Unglücklichsein.

Was spricht gegen eine sinnvolle und nützliche (für mich UND die Gesellschaft) Tätigkeit, die mir Spaß macht?

Sie werden es kaum glauben: Nichts!

Keine sogenannte „Bildungsferne", kein sogenannter „Fachkräftemangel", kein Unterschied in den „sozialen Schichten".

Nichts, nichts und nochmal nichts.

Deswegen behaupte ich gerne: „es ist einfach aber nicht leicht".

Einfach, im Sinne von, dass ich einfach nur herausfinden muss, was mir entspricht und nicht leicht, weil ich dies, gegen teils massiven Widerstand (manchmal sogar aus der eigenen Familie) konsequent verfolgen muss, damit ich schlussendlich „da lande, wo ich hingehöre".

*Denn schließlich ist jeder Mensch absolut einzigartig und so muss es (als zwingend logische Schlussfolgerung) etwas Einzigartiges geben, das jeder Mensch individuell zur Welt (Gesellschaft) beitragen kann.*

Und das am besten in einem Beruf, denn dann ist Geldverdienen plötzlich keine Mühsal mehr, zu der man sich jeden Morgen aufraffen muss.

\*\*\*

## 5. Konstruktivismus (aktiv/passiv), Wahrnehmung und „Realität"

⌘

Ein Architekt konstruiert ein Gebäude und begleitet den Realisationsprozess, ein Kind konstruiert aus Bausteinen einen Turm. In Gerichtsprozessen wird ein Fall (re)konstruiert, in der Psychologie bzw. Psychoanalyse (re)konstruiert man u.a. die eigene Vergangenheit.

*Der Mensch aber an sich,*
*konstruiert seine eigene Realität!*

Was ist Realität?

Etwas, das ich wahrnehme und zwar ganz und gar individuell. Selbst Farben werden im Gehirn erzeugt. Warum sollte es dann bei etwas anderem plötzlich anders sein?

Wahrnehmung, ein ganz besonderes Wort, ist doch das Wort wahr (wie Wahrheit) innewohnend. Wahrnehmung ist also etwas, das ich für wahr (an)nehme und so zur Realität werden lasse.

ACHTUNG: es ist NICHT umgekehrt!

Das bedeutet aber in letzter Konsequenz, dass ich (zumindest solange ich im „Vollbesitz meiner geistigen Fähigkeiten" bin) auch vollumfänglich für meine Sicht der Dinge verantwortlich bin, bzw. für die Wahrnehmung meiner Realität.

Kennen Sie das?: als Kind hingefallen (es tut fürchterlich weh), bekomme ich als „Trost" gesagt: „ach, das tut doch gar nicht so weh!"
Kein Wunder, wenn dann der ein oder andere später „ver-rückt" wird...

Normalität ist ebenfalls ein Konstrukt, wie der sogenannte „gesunde Menschenverstand" auch (den es übrigens überhaupt nicht gibt...).
Beides sind Produkte der gesamtgesellschaftlichen Aktualität.
Früher, als die gesamte Familie noch in einem einzigen Haus (oder gar Zimmer) wohnte, war es „normal", dass die Kinder mitbekamen, wenn Mutter und Vater sexuell aktiv wurden.

Stellen Sie sich das doch heutzutage einmal vor...

Früher war es „normal" zu „wissen", dass die Erde eine Scheibe ist und das Zentrum des Universums darstellt, also sich auch die Sonne um uns dreht.

Es wurde sogar mit dem Scheiterhaufen gedroht, wenn man etwas anderes behauptete (vgl. Galileo Galilei).

Heute wissen wir es etwas besser.

Doch wer oder was spricht dagegen, auch das heute „Normale und Selbstverständliche" in Frage zu stellen?

Die wenigsten werden sich erinnern, aber in den fünfziger Jahren des letzten Jahrhunderts haben Menschen in Arztkitteln Werbung für das Zigarettenrauchen gemacht, weil es ja so schön entspannt...

Und wenn ich heute höre, dass, „nach dem aktuellen Kenntnisstand der Wissenschaft", dies und jenes unbedenklich sei, bekomme ich die Nervenkrise.

Wie doof muss man denn sein, bzw. für wie doof haltet ihr uns Menschen eigentlich? (Stichwort Genmais, Zuckerersatzstoffe, Contergan, „Weizenwampe" etc.).

Und dann noch der liebe aktuelle Präsident der Vereinigten Staaten von Amerika, der standfest behauptet, es gäbe keinen menschengemachten Klimawandel.

Mmh..., da hat wohl jemand in der Schule nicht aufgepasst und noch nie etwas vom ersten Hauptsatz der Thermodynamik gehört; dass nämlich in einem geschlossenen System keine Energie verloren geht aber umgewandelt werden kann (Atmosphäre der Erde und Kohlenmonoxide etc.).

Bizarr...

Also: Der Mensch, wie gesagt Produkt seiner Umwelt und Sozialisation, ist absolut befähigt, seine Realität zu erschaffen, egal, ob er dies bewusst oder unbewusst tut (was für gewöhnlich häufiger der Fall ist).

Und das ist das Problem...

Würde das Individuum sich sozusagen endlich „als bewusster Schöpfer seines Seins" begreifen, ist es nicht mehr möglich, jemandem oder etwas die „Schuld" (Sie wissen, wie ich zu diesem Konzept stehe) für irgendetwas zu geben, sei es für ein Gefühl oder sei es für einen Job.

Wieso sollte ich für das Gefühlserleben eines anderen Menschen (immer wieder gerne in Beziehungen so gesehen) verantwortlich sein? Er/Sie ist doch selbst befähigt, wie er/sie auf etwas reagiert.

D.h. natürlich noch lange nicht, dass wir nun dem Gegenüber in der Interaktion mit brachialer Wortgewalt gegenübertreten sollten, sondern vielmehr uns bewusst machen, dass wir in diesem Moment aktiv interagieren und zwar so, wie wir es wollen, also steuern können.

Allerdings nur, wenn wir uns dessen bewusst sind und über die größtmögliche Information über uns selbst verfügen (der Informationsgehalt über den Anderen ist interessanterweise hier erst mal völlig nebensächlich).

Auf Metaebene sind wir alle irgendwie miteinander verbunden, es geht ja auch gar nicht anders, sind wir doch alle aus dem selben Phänomen entstanden, nämlich dem Universum (Urknall etc.. Ach ja: erster Hauptsatz der Thermodynamik...).

Das mag für den ein oder anderen esoterischer Humbug sein, aber

*„eine realistische Betrachtung der Umstände"*
*ist es allemal,*
*nicht wahr?!...*
***

## 6. Neue Zeiten, neue Menschen, neue Wege

Der Verbrennungsmotor, der in den achtziger Jahren des 19. Jahrhunderts seine Verbreitung fand, funktioniert heute noch ziemlich genau so wie damals.

Heute ist die Automobilindustrie doch tatsächlich stolz darauf, dass sie einen Wirkungsgrad (also ich benutze z.B. einen Treibstoff als Energielieferant in Relation zum Nutzen, der sozusagen als Fortbewegungsenergie hinten raus kommt) von etwas mehr als (im günstigsten Fall) 40% erzeugen kann.

Würde ich als Arbeitnehmer immer nur so um die 40% meiner Energie in Arbeit umsetzen, würde ich keine einzige Probezeit überstehen...

Ganz wie beim Bildungssystem wird hier auf Dingen aufgebaut, die von vorne herein „eigentlich" ineffizient sind. Es wird immer nur Makulatur betrieben, also das „funktionierende System" verfeinert, anstatt radikal neu anzusetzen, obschon die Realität (Feinstaub, Klimaerwärmung, Fachkräftemangel usw.) uns dies am Ende aufzwingen wird.

Ganz ehrlich: Wir machen seit knapp 140 Jahren mit einer uralten Technik rum und wundern uns dann, wenn's „plötzlich" Probleme gibt?!?

Warum wird denn überhaupt noch „mehr desselben" betrieben?

Ganz einfach: es rechnet sich scheinbar für irgendwen irgendwie immer noch.

Wie eingangs erwähnt, verhält es sich mit unserem Bildungssystem ganz ähnlich: Es baut auf einer uralten „Technik" auf (nämlich auf der Annahme, dass die Menschen von damals mit den Menschen von heute zu vergleichen sind und sich die Gesellschaft und deren Anforderungen nicht geändert haben) und es verwundert plötzlich alle, wenn's Probleme gibt.

Aber es rechnet sich scheinbar für irgendwen irgendwie immer noch...

Natürlich ist z.B. die Pubertät immer die Pubertät, egal in welchem Zeitalter, denn sogar die eigenen Eltern, Großeltern, Urgroßeltern, Ururgroßeltern (usw.) und unglaublicherweise auch die eigenen Lehrerinnen und Lehrer waren mal Teenager.

Bizarr...

Eine Gesellschaft lebt immer auch in einer Zeitepoche, z.B. im Mittelalter, in der Renaissance usw.

Also ist auch das Bedürfnis, wie ein Mensch „funktionieren" muss, zeit- und gesellschaftsabhängig.

Ich weiß, ich wiederhole mich, aber es ist von immenser Wichtigkeit, dies nachhaltig zu verstehen. Um es in einer einfachen Formel auszudrücken:

Zeitepoche=Gesellschaft=Mensch=Staat
=Funktionieren

Eine Gesellschaft in ihrer individuellen Zeit hat also auch immer individuelle Bedürfnisse, also auch Tätigkeiten und Arbeitsplätze, die es abzudecken gilt.

Es ist schön und gut, ein Blogger über dies und jenes werden zu wollen oder „Influencer" über die sozialen Medien, aber wer stellt dann die Kamera her, die einen dabei filmt?, wer den PC, auf dem geschrieben wird?, wer erzeugt den Strom, damit alles funktioniert?, wer baut die Kraftwerke und bedient diese, um überhaupt Strom erzeugen zu können? und so weiter und so fort...

Also MUSS eine Erziehung/Bildung erfolgen, die möglichst allen zu bedienenden Teilbereichen einer funktionieren Gesellschaft gerecht wird.

Es nützt alles nichts, wir brauchen den Müllwerker genauso wie auch den Gehirnchirurgen.

Wenn es also gelingen soll, die Menschen durch Erziehung und Bildung dahingehend zu befähigen, sich sowohl dies selbst einzugestehen, bzw. überhaupt nachhaltig zu verstehen, als auch das Bestmögliche aus ihren eigenen Fähigkeiten zu machen und dies alles im gesamtgesellschaftlichen Kontext einzusetzen, dann ist es unumgänglich, sich Gedanken über die Wertigkeit von jedweden Tätigkeiten (also jedweden Berufen) machen zu müssen.

Tausende von Jahren waren die Menschen Jäger und Sammler, dann kam der Ackerbau, die Viehzucht und die Sesshaftigkeit, dann die Industrialisierung, die Landflucht und nun vermehrt auch die Stadtflucht.

Ganze Regionen sind abhängig von wenigen Arbeitgebern, wie man z.B. bei Siemens oder General Electric sehen konnte.

Ich weiß noch ganz genau, wie vor einigen Jahren der deutsche Staat (also die steuerzahlenden, „funktionierenden" Menschen) die Firma Adam Opel AG mit annähernd 4,x Milliarden Euro retten musste, nur um dann im Jahr 2017 mitzuerleben, wie Opel für „läppische" 1,x Milliarden Euro verkauft wird.

Oder wie im letzten Jahrzehnt die sogenannte „Bankenkrise" die Welt in Atem gehalten hat.
Und was wurde daraus gelernt?

...mehr desselben...

Bizarr.

Kein Wunder also, dass „die Jugend von heute" auf sowas ja sowas von überhaupt gar keinen Bock darauf hat.

Schließlich ist sie ja nicht doof, die Jugend, nur orientierungslos (gemacht worden) in einer desorientierten Gesellschaft, die immer nur mehr desselben propagiert und sich dann völlig überrascht wundert, dass es fast an allen Ecken rumpelt und kracht.

Ich wohne so, dass ich, wenn ich zu meinem Auto gehe, ein kurzes Stück Grünfläche neben einem Bürgersteig überqueren muss.
Dort lassen einige Herrchen und Frauchen ihre Hunde hinkacken.

Das ist erst mal überhaupt nicht verwunderlich, denn wer isst, muss schließlich auch müssen dürfen.

Doch nicht alle räumen diese Hinterlassenschaften ihrer Haustiere dann auch wieder weg, sodass ich schon das ein oder andere Mal mit verkackten Schuhen mein Auto bestieg, oder, noch schlimmer, den Hausflur betrat, ohne es zu merken (wir haben Katzen und die stehen da ja völlig drauf...).

Ich frage mich dann immer, was das wohl für Leute sind und wie die so ignorant sein können. Schließlich sind mit Sicherheit auch diese Menschen schon mal irgendwann in ihrem Leben in einen Kackhaufen getreten und haben sich bestimmt fürchterlich darüber aufgeregt.

Oder manchen Menschen beim Autofahren zuzusehen oder gar indirekt davon betroffen zu sein.

Herrlich...

Ich frage mich schon lange, warum scheinbar ein Großteil der Autofahrer sofort nach Erhalt ihres Führerscheines das Prinzip des sogenannten Reißverschlussverfahrens vergessen.

Leute, es heißt Reißverschluss, nicht Klettverschluss...

Und wo ist „eigentlich" das Problem dabei, eine Rettungsgasse zu bilden?

Mir fehlt bei dem Ganzen die Transferleistung, ganz nach dem christlichen Motiv (welches man, in abgewandelter Form, auf dem gesamten Planeten, in allen Religionen und Weltanschauungen finden kann):

„Was Du nicht willst, dass man Dir tu',
das füg' auch keinem andern zu".

Wenn Menschen, so wie oben beschrieben, zur Ignoranz erzogen wurden, ist es mit einer funktionierenden Gesellschaft wohl so eine Sache, denn schließlich leben wir ja alle sozusagen unter einem Dach, in ein und dem selben Land, auf ein und dem selbem Planeten.

**Wir haben nur diesen einen!**

Und zum Abschluss noch ein letztes zum Thema Unterschied zwischen Egoismus und Selbstliebe, oder wie es mein hochgeschätzter Prof. einmal ausdrückte:

„Wenn jeder an sich selbst denkt,
ist an alle gedacht".

...ich habe wirklich seeeehr lange gebraucht,
um das zu verstehen...


\*\*\*

## 7. Eine mögliche Todo-Liste

Das häufigste Problem beim sogenannten Brainstorming ist, dass die „Gehirnstürmer" sich selbst im Weg stehen und ihre Ideen oft von vorne herein verwerfen, da sie (z.B. aus Kostengründen) nicht realisierbar erscheinen oder die anderen sagen; „das ist doch verrückt!", „das geht nicht!", „das haben wir doch schon alles mal ausprobiert!"

Aber ganz im Sinne eines wundervollen Spruches, dessen Autor ich leider nicht kenne, agieren wir heute mal einfach ganz anders:

> „Alle sagten: „das geht nicht!"
> Dann kam einer,
> der wusste das nicht
> und hat's einfach gemacht."

Deshalb „stürme" ich nun einfach in loser Reihenfolge munter drauf los und überlasse es Ihnen allen, etwas daraus zu machen.

Ich weiß, Sie hätten jetzt bestimmt gerne konkrete Ideen, wie Sie das Kommende umsetzen sollen.

Aber ich mache Ihnen wenigstens die Türen auf, durchgehen müssen Sie selber und am besten in Gruppen, denn: gemeinsam schaffen wir das!

- Zuallererst: Weg mit den Beurteilungen, Konkurrenzdenken und dem kapitalistisch motivierten Leistungsprinzip und hin zur Förderung von Neugier und Kreativität durch individuelle Betrachtungsweisen der einzelnen Schülerinnen und Schüler.
- Alle Klassengrößen stark reduzieren, z.B. maximal 8-12 Schüler und Schülerinnen (SuS).
- Alle Klassen mit zwei paritätisch besetzten Pädagogen_innen unterrichten und zwar gleichzeitig.
- Viel mehr im Freien und in Betrieben agieren[14] und mit viel mehr Bewegung (Stichwort „Life Kinetik") lehren und lernen.
- Die Ausbildung der zukünftigen Lehrerinnen und Lehrer reformieren: auch viel mehr den Fokus auf (Entwicklungs)Psychologie, Philosophie und Pädagogik setzen[15].
- Philosophie anbieten (z.B. anstatt Ethik), verpflichtend für alle SuS ab der ersten Klasse. Frage: ist konfessionsbezogener Religionsunterricht noch sinnvoll (z.B. ggf. als Wahlfach anbieten)?
- Handwerkliche Angebote stark ausweiten und in allen Klassen durchgehend anbieten.

---

14 „Anschaulicher Unterricht" und „begreifen" im eigentlichen Wortsinne.
15 Wen es interessiert: ich habe einen fertigen 24-wöchigen Seminarablauf á 90min entwickelt und in der Schublade liegen...

- Kürzere Unterrichtsstundenintervalle einführen.
- Weniger Nachmittagsunterricht und dafür ggf.
notfalls wieder den Samstagsunterricht einführen
(wie früher, alle zwei Wochen), Stichwort: Leis-
tungs- und Aufmerksamkeitsspanne berücksichti-
gen.
- Mehr Austausch mit Menschen im Berufsleben
fördern, z.B. regelmäßig auch Rentner und Ruhe-
ständler zum Unterricht einladen.
- Und auch Azubis und „frisch Ausgelernte" häufig
einladen, um Austausch zu fördern (Stichwort:
„nah am Kunden sein")
- Völlige Abschaffung der Schulformenunterteilung
(Gesamtschulkonzept ohne leistungsspezifische
Unterscheidungen etablieren bzw. Leistungsunterschiede in den Klassen direkt behandeln, durch andere Aufgabenstellungen usw.).
- Lehrkräfte in „freier Rotation" in heimatnahen
Schulen unterrichten lassen, aber das „Bezugsleh-
rerprinzip" (= Klassenlehrer (Mehrzahl)) beibehal-
ten.
- Die SuS möglichst in die Unterrichtsgestaltung
mit einbinden (freie Wahl der Themen im Kontext
des Lehrplanes).
- Bundeseinheitliche Standards einführen (im Studium und an der Schule), also weg mit der Kultur-
hoheit der Länder.
- Die SuS zum Hinterfragen ermuntern und mehr
auch in das Hausaufgabentum einbinden (z.B. das

muss bis dann und dann erledigt sein, ihr könnt euch aber aussuchen, wann ihr was macht).
- Lerngruppen (auch nach der Schule) einführen, damit die SuS sich z.B. gegenseitig bei den Hausaufgaben und dem Lernen unterstützen können.
- Mehr projektbezogene Arbeiten anbieten und auch früher mit (Gruppen)Präsentationen vor der Klasse beginnen.
- Die SuS gestalten ihre Lernorte (Schule und Klassenräume) selbst mit, haben aktives Mitspracherecht.

Diese Liste hat keinen Anspruch auf Vollständigkeit, auch sie wächst sozusagen mit ihren Aufgaben.

Oder, wie es einer meiner Lieblingsautoren, Walter Moers, in einem einzigen Bild so schön treffend in Szene setzte:

„Eine halbe Stunde nachdem Karl-Heinz
gegangen war,
fielen mir die stichhaltigsten Argumente ein..."

\*\*\*

# 8. Schlusswort und Dank

•

Es ist ein recht kurzes Buch, hoffentlich leicht und schnell für jeden zu lesen und zu begreifen, denn ich mag es manchmal sehr, schnell und ohne lange Umschweife auf den Punkt zu kommen, was mir hoffentlich auch gut gelungen ist.

Habe ich etwas neues erschaffen? Sicherlich nicht, dies war auch gar nicht meine Absicht, denn ich wollte nur Eindrücke wiedergegeben und in Bezug setzen, die ich im Laufe meines (Berufs)Lebens sammeln konnte und durfte.

Ich hoffe, dass es mir gelungen ist, eine Diskussion anzustoßen, welche nachhaltig unser überaltertes und unpassendes Bildungssystem an die Menschen von heute anpassen wird und zukunftsfähig ist und bleibt.

Ich hoffe, Eltern, Lehrerinnen und Lehrer, Erzieherinnen und Erzieher (von denen es leider viel zu wenige gibt) genügend gewürdigt (oder zumindest nicht „gedisst") zu haben, denn dies ist manchmal eine echte Sisyphusarbeit, die wichtiger kaum sein kann.

Danke an alle, die an mich geglaubt haben.

Danke auch an alle, die nicht an mich geglaubt haben.

Danke an meine Eltern, dass ich haargenau in dieser Form und nicht anders existiere und für den ganzen Rest.

Danke an meine Großeltern, die mit ihrer Liebe und Weisheit den ein oder anderen „Erziehungsschaden" von mir abwenden konnten und mich generationenübergreifendes Verstehen und Erkennen gelehrt haben.

Danke an meine Geschwister, die man sich besser kaum vorstellen kann.

Danke an meine Cousins, Cousinen, Onkel, Tanten, Neffen und meine Patentochter, die mich aufwachsen sahen bzw. die ich aufwachsen sehen darf.

Danke an meine Frau die mich neben der bedingungslosen Liebe lehrt, dass ich nicht das Maß aller Dinge bin (zumindest nicht immer...).

Danke an meine Freunde und Wegbegleiter, die mich so lieben und annehmen, wie ich bin.

Danke an alle meine Lehrerinnen und Lehrer, Professorinnen und Professoren und andere weise Menschen, die mir aufgezeigt haben, „wo es lang geht".

Und ein ganz spezieller Dank gilt meinem Mathe-lehrer ab der 8. Klasse Realschule, Herrn Udo Pfei-fer (mit zwei f...), der hauptsächlich dafür verant-wortlich ist, dass ich weiß, dass ich nicht blöd bin.

Danke an meine Ausbilder, Arbeitgeber und Kun-den, die mich haben reifen lassen.

Danke an Paul Watzlawick, der mich mit seiner humorvollen Art zu schreiben viel weiter gebracht hat, als ich es für möglich gehalten habe.

Danke an all die Autoren, deren Bücher ich lesen und an deren Welten und/oder Lebensentwürfen ich teilhaben durfte.

Danke an den Schöpfer oder die Urkraft oder wie man es nennen will, dass wir und Alles überhaupt existieren, denn es könnte ja auch einfach gar nichts geben... (was übrigens meinen ganz indivi-duellen „Gottesbeweis" darstellt...).

Zum Schluss noch ein hierzu passendes Gedicht, worauf ich, ehrlich gesagt, ziemlich stolz bin:

Ihr wisst
dass alles aus Atom besteht
und Molekülen
wenn's irgendwie geht
und die werden dann
irgendwann
Mensch und Ding
ganz einfach so
weil's irgendwie ging

P.S.: Bedenken Sie, hätte ich zum Schluss des Gedichtes noch ein Fragezeichen gesetzt, wäre die Bedeutung wohl eine völlig andere...

\*\*\*

# 9. Über den Autor

©

Ralf A.M. Brehmer (wofür Achim und Moritz stehen), ist Jahrgang 1969. Er wuchs als jüngstes Kind mit zwei Geschwistern (w/m) in einer hessischen Gemeinde auf, mit „klassischer" Familienstruktur.

Da sich sein Vater auch (neben seiner Hauptbeschäftigung als Mitarbeiter eines großen Unternehmens der Automobilbranche in der Nähe) als Selbstversorger sah, lernte er die „Freuden und Leiden" der Landwirtschaft und Viehhaltung kennen.

In der Schule kein schlechter Schüler, sportlich und nicht unbeliebt, wollte er unbedingt auf das Gymnasium. Weiterhin sportlich und nicht unbeliebt, wurde er aber trotz intensiver Nachhilfe innerhalb 2 Jahren ein schlechter Schüler und musste die 8. Klassenstufe auf der Realschule wiederholen.

„Zum Glück", behauptet er oft und erzählt dann stets von seinem ersten Erlebnis mit seinem neuen Mathelehrer, der es scheinbar „innerhalb weniger Minuten, mit wenigen Sätzen und verschiedenfarbiger Kreide geschafft hat, dass ich mir an den Kopf greife und meine: oh man, ist das einfach!".

Danach sei alles leichter gewesen, er habe gewusst, „wenn ich Mathe kapiere, dann kann ich nicht doof sein und wenn ich nicht doof bin, dann kann ich alles kapieren" (dachte er zumindest).

Es folgte ein recht guter Realschulabschluss mit den üblichen Erwägungen, was er denn nun nach der Schule machen sollte. Seltsamerweise war es damals noch keine Frage, dass es sich (erstmal) um eine Ausbildung handeln würde, wie bei den meisten seiner Mitschülerinnen und -schüler auch.

Die Frage, warum er sich für die Ausbildung als Maschinenschlosser bei dem namhaften Automobilhersteller in der Nähe entschied, beantwortet er stets mit: „naja, mein Cousin (2 Jahre älter) hat das auch gemacht, also hab' ich's auch gemacht".

Wie sich herausstellte, machte die Ausbildung Spaß, die er nach nicht ganz zweieinhalb Jahren vorzeitig beenden konnte und somit den Facharbeiterbrief zum Maschinenschlosser innehatte.

Doch wie ihm schon während der Ausbildung dämmerte, konnte dies nicht für 40-45 Jahre genügen. Die anschließende und absolut dankenswerte Übernahme in eine Festanstellung, am Fließband und im Schichtdienst, brachten zwar einen Haufen Geld ein, taten aber ihr Übriges. Also reifte der Plan, direkt nach der Bundeswehr (es gab noch die Wehrpflicht und eine Verweigerung aus Gewissensgründen konnte der spätere SozPäd sich damals irgendwie absolut nicht vorstellen...) eine Fachoberschule zu besuchen, ein einjähriges „Fachabitur" zu bestehen und schlussendlich (was denn sonst, nach dieser Ausbildung?) Maschinenbau zu studieren.

Dies tat er dann auch, gar nicht mal so unerfolgreich. Und zwar so lange, bis er regelrecht krank davon wurde. Abgemagert auf knapp 65kg, an Krücken gehend, da sein rechtes Knie nicht mehr belastet werden konnte.

„Im Nachhinein, ich hätte es früher merken müssen. Das war ja alles ganz ok, ich hab' ja auch fleißig Scheine gesammelt (= notwendige Klausuren), aber irgendwie...".

Später, als er einen Ausspruch des Heiligen Franz von Assisi las, der in etwa so lautet;

„Herr, gib mir die Kraft, die Dinge zu ändern, die ich ändern kann. Die Gelassenheit, die Dinge zu belassen, die ich nicht ändern kann und die Weisheit, das Eine vom Anderen zu unterscheiden.",

meinte er scherzhaft, „ein wahrhaft teuflischer Plan!".


Dieser Umbruch, zu erkennen, dass der eingeschlagene Weg der „falsche" ist und nur zu wissen, was man nicht mehr will, haben ihn an allem zweifeln lassen. Wer bin ich?, wie will ich sein?, was will ich sein?, also Fragen, die er sich schon einmal gestellt hatte (man nennt das Pubertät), kamen wieder hoch, obschon sie doch bereits beantwortet waren. Oder etwa nicht?


„Wissenschaft wird von Menschen gemacht", habe Max Planck einmal gesagt. Nun ja, dies schien auch der Grund zu sein, weshalb er irgendwie und durch eine interessante Verkettung von „Zufällen" dann beim Studium der Sozialpädagogik landete und sich, wahrscheinlich, um in erster Linie sich selbst und sein Handeln zu verstehen, auf die Bereiche Psychologie und Psychosoziale Versorgung (Beratungsarbeit) spezialisierte.[16]

Interessanterweise wertschätzte er selbst sein Studium und sein Diplom zwar insofern, als dass er es stolz und gut sichtbar an die Wand hing (das war ja schließlich der Beweis, er war Akademiker, er war nicht doof), aber disziplinär gesehen, ging ihm immer wieder im Kopf herum, was der Vater eines guten Freundes bezüglich seiner aktuellen Berufswahl zu ihm sagte, „um im Jugendhaus zu arbeiten, muss man doch nicht studiert haben!"

Tatsächlich arbeitete er danach eine zeitlang in anderen Branchen, zum Beispiel im Handwerk, in EDV-Abteilungen, bei Webdesignern, wobei ihm seine autodidaktischen Fähigkeiten zu gute gekommen sind.

Doch nach einer wiederum interessanten Verkettung von „Zufällen" fand er etwas später auch wieder in Anstellung in den studierten Beruf zurück, dem er ja weiterhin freiberuflich mit eigener Webpräsenz nebenbei nachgegangen war.

---

16 Wussten Sie übrigens, dass Ralf im germanischen tatsächlich „der Berater" bedeutet? Soviel zum Thema „ein Mann, ein Wort" und „Beruf kommt von Berufung".

Er selbst kann nicht mehr bestimmen, wann bei ihm der „Paradigmenwechsel" eingesetzt hat, also der Wandel der eigenen Sichtweisen: der Klient wurde zum Kunden, das staatlich/private Angebot zur Dienstleistung im sozialen Bereich.

Dementsprechend nahm er noch die eine und andere Ausbildung und Zertifizierung mit, „damit ich genug DIN A4-Zettelchen mit Buchstaben und Zahlen und Stempeln für die Leute habe".

Erziehung und Bildung sind für ihn auch „nur" Dienstleistungen.

Und zwar von Allen für Alle.

\*\*\*

# 10. Literatur

Hier nun eine Auswahl von Büchern/Veröffentlichungen, aus denen ich entweder zitiert, oder Teile meiner Informationen entnommen habe, bzw. die mich auf die ein oder andere Art nachhaltig beeindruckt und geprägt haben. Auch sind hier Buchempfehlungen darunter, die sozusagen „den Horizont erweitern können".

- Paul Watzlawick: Anleitung zum Unglücklichsein
- Paul Watzlawick: Wie wirklich ist die Wirklichkeit?
- Paul Watzlawick: Menschliche Kommunikation
- Paul Watzlawick: Münchhausens Zopf
- Sigmund Freud: Freud für Anfänger (ein Comic)
- Sigmund Freud: Abriß der Psychoanalyse – Das Unbehagen in der Kultur
- Sigmund Freud: Zur Psychopathologie des Alltagslebens
- Friedemann Schulz von Thun: Miteinander reden
- Wolfgang Schmidbauer: Du verstehst mich nicht!
- Klaus-Jürgen Tillmann: Sozialisationstheorien
- Erik H. Erikson: Identität und Lebenszyklus
- Jean Piaget und Bärbel Inhelder: Die Psychologie des Kindes
- Thomas A. Harris: Ich bin o.k. - Du bist o.k.
- Lutz Schwäbisch und Martin Siems: Anleitung zum sozialen Lernen

- Jostein Gaarder: Sofies Welt
- Michael Moore: Stupid White Men
- Hans Bemmann: Erwins Badezimmer
- Dan Millman: Der Pfad des friedvollen Kriegers
- James Redfield: Die Prophezeiungen von Celestine
- George Orwell: 1984
- Aldous Huxley: Schöne neue Welt
- Sascha Rimasch (der gute Freund mit dem Kind bei der Einschulung): Ein Diamant im Ozean
- Neale Donald Walsch: Gespräche mit Gott

- ...und einfach so ziemlich alles von Walter Moers, der, wenn Sie mich fragen, einen absolut einzigartigen Sinn für Humor hat, ganz ähnlich meines hochgeschätzten Professors Dr. Rainer Heß und des guten, wirklich guten Paul Watzlawick.


DANKE FÜR EURE EXISTENZ!!!


http://www.einfach-brehmer.de